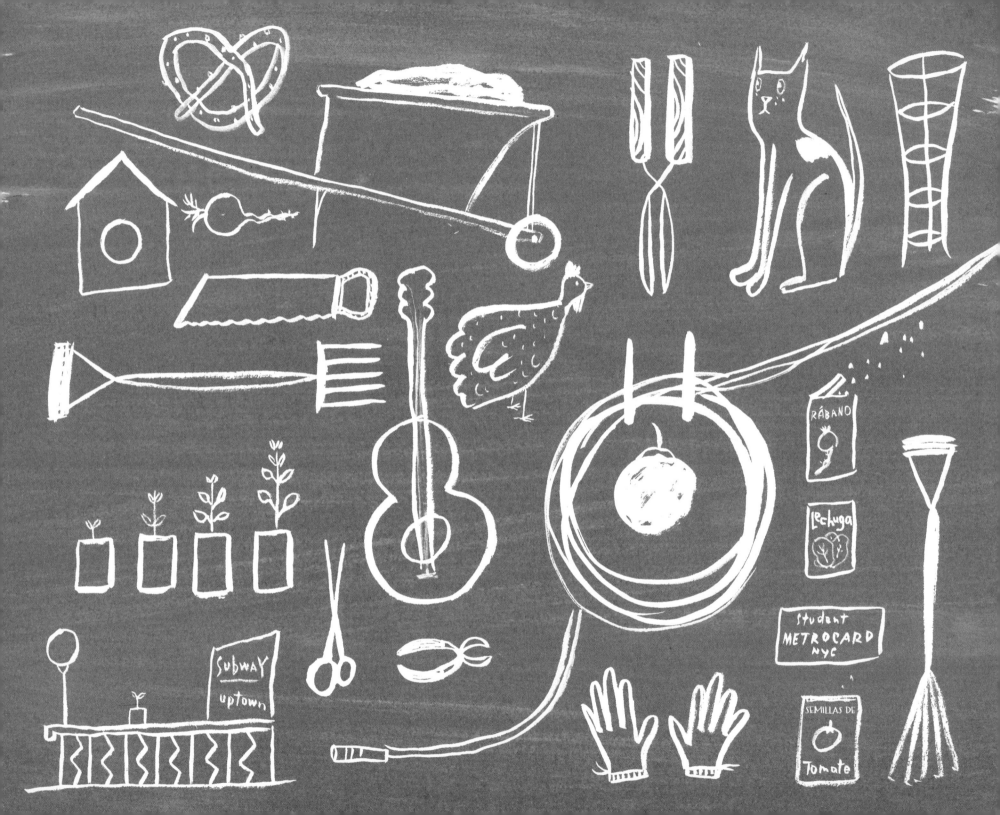

Para más información en inglés acerca de Harlem Grown (Cultivado en Harlem), por favor visite harlemgrown.org.

SIMON & SCHUSTER BOOKS FOR YOUNG READERS · Un sello editorial de la División Infantil de Simon & Schuster · 1230 Avenida de las Américas, Nueva York, Nueva York 10020 · Copyright del texto © 2020 de Tony Hillery · Copyright de las ilustraciones © 2020 de Jessie Hartland · Copyright de la traducción © 2022 de Simon & Schuster, Inc. · Traducción de Alexis Romay · Originalmente publicado en inglés en 2020 por Simon & Schuster Books for Young Readers como *Harlem Grown* · Diseño del libro por Lucy Cummins © 2020 de Simon & Schuster, Inc. · Todos los derechos reservados, incluido el derecho a la reproducción total o parcial en cualquier formato. · SIMON & SCHUSTER BOOKS FOR YOUNG READERS es una marca de Simon & Schuster, Inc. · Para obtener información respecto a descuentos especiales en ventas al por mayor, diríjase a Simon & Schuster Special Sales a 1-866-506-1949 o a la siguiente dirección electrónica: business@simonandschuster.com. · El Simon & Schuster Speakers Bureau puede traer autores a su evento en vivo. Para obtener más información o para reservar a un autor, póngase en contacto con Simon & Schuster Speakers Bureau: 1-866-248-3049 o visite nuestra página web: www.simonspeakers.com. · El texto de este libro usa la fuente Blocky Fill · Las ilustraciones de este libro fueron hechas en gouache. · Fabricado en China 0122 SCP · Primera edición en español de Simon & Schuster Books for Young Readers mayo de 2022 · 2 4 6 8 10 9 7 5 3 1 · Library of Congress Cataloging-in-Publication Data | Names: Hillery, Tony, author. | Hartland, Jessie, illustrator. | Title: Cultivado en Harlem : cómo una gran idea transformó a un vecindario / Tony Hillery, Jessie Hartland, Alexis Romay. Other titles: Harlem Grown. Spanish Description: New York : A Paula Wiseman Book, Simon & Schuster Books for Young Readers, 2022. | Includes bibliographical references. | Audience: Ages 4-8 | Audience: Grades 2-3 | Summary: "Harlem Grown tells the inspiring true story of how one man made a big difference in a neighborhood. After seeing how restless they were and their lack of healthy food options, Tony Hillery invited students from an underfunded school to turn a vacant lot into a beautiful and functional farm. By getting their hands dirty, these kids turned an abandoned space into something beautiful and useful while learning about healthy, sustainable eating and collaboration. Five years later, the kids and their parents, with the support of the Harlem Grown staff, grow thousands of pounds of fruits and vegetables a year. All of it is given to the kids and their families. The incredible story is vividly brought to life with Jessie Hartland's "charmingly busy art" (Booklist) that readers will pore over in search of new details as they revisit this poignant and uplifting tale over and over again"— Provided by publisher. Identifiers: LCCN 2021039243 (print) | LCCN 2021039244 (ebook) | ISBN 9781665906074 (hardcover) | ISBN 9781665906067 (paperback) | ISBN 9781665906081 (ebook) | Subjects: LCSH: Urban agriculture—New York—Juvenile literature. | Community gardens—New York—Juvenile literature. Classification: LCC S451.N56 H5518 2022 (print) | LCC S451.N56 (ebook) | DDC 635.9/77—dc23 LC record available at https://lccn.loc.gov/2021039243 LC ebook record available at https://lccn.loc.gov/2021039244 · ISBN 9781665906074 (tapa dura) · ISBN 9781665906067 (rústica) · ISBN 9781665906081 (edición electrónica)

CÓMO UNA GRAN IDEA TRANSFORMÓ A UN VECINDARIO

CULTIVADO EN  HARLEM

ESCRITO POR TONY HILLERY

ILUSTRADO POR JESSIE HARTLAND

TRADUCCIÓN DE ALEXIS ROMAY

A Paula Wiseman Book · Simon & Schuster Books for Young Readers

Nueva York   Londres   Toronto   Sídney   Nueva Delhi

Una vez,
en una gran ciudad
llamada Nueva York,
en un vecindario animado
llamado Harlem,

CARROCERÍA

PERROS CALIENTES

AUTOBÚS E

había un terreno
abandonado.

Nevaeh lo llamaba el jardín embrujado.
Estaba lleno de sofás destrozados,
televisores viejos, botellas rotas y latas vacías.

FOOD
MART

Una vez,
en una gran ciudad,
en un vecindario animado,
estaba la escuela pública de Nevaeh.

Se llamaba PS 175,
y se encontraba frente al jardín embrujado.

Un día vino un hombre a PS 175. Los niños lo llamaban señor Tony.

Cuando el señor Tony vio a esos niños y a ese jardín embrujado, tuvo una idea.

Comenzó a despejar
el jardín embrujado,

un trasto viejo
a la vez.

¡No tire basura!

El señor Tony puso tierra limpia y fresca.

Invitó a Nevaeh a que lo ayudara.

Abono
puro
orgánico
50 LIBRAS

SEMILLAS DE
RABANO

SEMILLAS DE
ZANAHORIA

SEMILLAS DE
ALBAHACA

SEMILLAS DE
Tomate

SEMILLAS DE
ALBAHACA
de GATOS

SEMILLAS DE
PEREJIL

Semillas.

Palas.

mantillo de
* CORTEZA DE PINO *

50 LIBRAS

SEMILLAS DE
HIERBABUENA

TIERRA
VEGETAL
orgánica
PURA + rica   50 lbs.

Agua.

Nevaeh comenzó a plantar.

Luego cavó hoyos
en el suelo.

En los hoyos,
colocó las plántulas
y luego, con mucho cuidado,
las cubrió con tierra.

Sus amigos también vinieron.

TIERRA PARA MACETAS

mantillo

ESTIÉRCOL DE VACA

COMPOST

Cuatrocientas plántulas
fueron plantadas,
una por cada niño.

Albahaca,

hierbabuena,

cilantro,

romero.

Entonces los niños regaron

y desyerbaron,

y sus plantas

comenzaron a crecer.

Una vez, cuando Nevaeh vino
al terreno después de la escuela,
su planta estaba marchita
y triste.

—Lo intentaremos de nuevo —dijo el señor Tony—.
Plantaremos algo diferente.

Madera.
Martillo.
Clavos.

El señor Tony construyó canteros para las plantas.

y por fin...

¡COMIDA!

Tomates, pepinos, pimientos, arándanos, fresas, coles silvestres, coles rizadas, albahaca, arúgula.

El señor Tony miró y ayudó y sonrió.
Vinieron más niños del vecindario.

Cuidaron sus plantas, que crecieron y crecieron.
Y brotaron más frutas y vegetales.

Los niños llevaron los ejotes
y las zanahorias
y los pepinos a sus casas para
la cena.

Una vez,
en una gran
ciudad llamada
Nueva York,

...o animado llamado Harlem,
...mbre con una idea.

HARLEM
GROWN
huerta

ESTIMADOS LECTORES:

Comencemos por el principio. Hay algo que quiero que sepan. Yo no soy ningún experto en jardinería. Ya que estamos, les confieso un secreto: ¡he matado más plantas de las que he logrado cultivar! No tenía ni idea de lo que hace falta para cultivar una sola planta, mucho menos comenzar toda una huerta, pero vi un problema que quise resolver.

En 2010 cerré mi compañía cuando la economía dio un vuelco. Comencé a hacer trabajo voluntario en la escuela pública PS 175 en Harlem. Como muchas escuelas en Harlem, esta contaba con pocos recursos, por lo que no ofrecía clases de arte ni educación física. A la hora del almuerzo, los estudiantes tenían tanta energía acumulada que acababan metiéndose en problemas. Las cuadras alrededor de PS 175 tienen cincuenta y cinco restaurantes de comida rápida y veintinueve farmacias, pero ni una sola tienda en la que se pudiese comprar comida saludable. Cuando noté el terreno abandonado frente a la escuela, se me ocurrió la idea de crear Harlem Grown (Cultivado en Harlem).

Ahora los niños y sus padres, con el apoyo del personal de Cultivado en Harlem, cultivan miles de libras de frutas y vegetales al año, y las entregan a sus vecinos y a la comunidad… gratis. Después de la escuela y durante los fines de semana, los niños de la zona vienen en grupos a la huerta a cuidar sus vegetales y frutas. Los incidentes en la cafetería disminuyeron dramáticamente porque la huerta incentiva la colaboración y la paciencia. Me di cuenta de que muchos de estos estudiantes que crecían en la jungla de concreto no sabían de dónde venía un tomate hasta que conocieron la huerta de Cultivado en Harlem. Ahora comen vegetales frescos alegremente porque están orgullosos de haberlos cultivado ellos mismos.

Lo que al principio fue una pequeña huerta en la calle 134 es hoy nuestra granja urbana, que se ha expandido a doce locaciones en todo Harlem. Emplea a veintidós trabajadores a tiempo completo, quienes proveen apoyo administrativo, mantenimiento adicional a los cultivos y van a las escuelas para enseñar nutrición y sostenibilidad y, aun más importante, ser mentores de los niños a diario. En Cultivado en Harlem, los mentores son hombres y mujeres jóvenes de la comunidad que trabajan arduamente para enseñar e inspirar a los niños acerca de la comida saludable, mientras estudian arduamente para completar su educación.

La pequeña parcela donde todo comenzó todavía existe y cada verano las más dulces fresas en toda la ciudad de Nueva York son cultivadas y comidas por los niños que cuidan su huerta urbana.

ATENTAMENTE, TONY HILLERY
Fundador y Director
de Harlem Grown
(Cultivado en Harlem)

COMIENZA UNA HUERTA EN CUALQUIER PARTE

PRIMER PASO:

Encuentra un lugar en el cual comenzar tu huerta. A una planta le hacen falta cuatro cosas para crecer: sol, tierra, agua y aire. Asegúrate de que tu espacio de cultivo reciba la suficiente luz solar en algún momento del día. Asegúrate de que la zona no esté atiborraba, para que circule el aire fresco. Asegúrate de que tus plantas estén en un sitio en el cual las puedas regar diariamente. Ningún espacio es demasiado pequeño: el alféizar de una ... patio trasero, una ... vacía del patio escolar.

SEGUNDO PASO:

Las plantas crecen en cualquier contenedor. Reúne macetas grandes, cajones de leche, incluso viejos neumáticos de autos. Busca tierra en tu ferretería local. Llena los contenedores de tierra. Si puedes, haz tu propio compost con las sobras de la cocina y añádelos a la tierra.

TERCER PASO:

Busca semillas en tu ferretería local. Busca semillas de tu vegetal favorito. Busca semillas de algo que nunca hayas comido. Usa las manos, planta las semillas en tus macetas, contenedores o canteros (que son marcos de madera con tierra adentro que están por encima de la superficie del suelo), asegurándote de hacerlo con un cuidado especial. La mayoría de los paquetes de semillas vienen con toda la información necesaria para plantarlas.

CUARTO PASO:

Aprovecha cualquier oportunidad que tengas para aprender más acerca de tu jardín. Busca el conocimiento de los demás. Los mejores jardines son los que han estado influidos por mucha gente. Ve a tu biblioteca local, ve y mira diferentes jardines escolares y de tu comunidad, habla con todos acerca de tu jardín. Nunca sabes quién tiene una perspectiva ... de jardín...

QUINTO PASO:

Cuida de tus plantas a diario al regarlas, desyerbarlas y podarlas. Presta mucha atención: revisa las hojas y la calidad de la tierra y mantente alerta por si hay plagas como pulgones o gusanos. ¡Atrapar las plagas a tiempo te ayudará a salvar tu jardín! La jardinería es un proceso constante de aprendizaje. Cada semana verás cambios y entenderás a tu jardín de un modo diferente.

RECURSOS ADICIONALES

Para todas las edades:

En la red

harlemgrown.org

jmgkids.us/kids-zone/jmgkidsweb

kidsgardening.org/gardening-basics

extension.illinois.edu/firstgarden/basics

Libros

Gibbons, Gail. *From Seed to Plant*. Nueva York: Holiday House, 1991.

Gibbons, Gail. *The Vegetables We Eat*. Nueva York: Holiday House, 2007.

Krezel, Cindy. *Kids' Container Gardening: Year-Round Projects for Inside and Out*. Chicago: Chicago Review Press, 2010.

Lerner, Carol. *My Backyard Garden*. Nueva York: William Morrow & Co., 1998.

Tornio, Stacy. *Project Garden: A Month-By-Month Guide to Planting, Growing, and Enjoying ALL Your Backyard Has to Offer*. Avon, MA: Adams Media, 2012.

Para adultos:

En la red

Para una extensa lista de recursos (en inglés) acerca de cómo comenzar una huerta comunitaria o escolar, visite:

n2ncentre.com/education-support/parent-resources/

Para información (en inglés) acerca de cómo comenzar una huerta escolar, visite:

slowfoodusa.org/resources-and-grants

brightbites.ca/wp-content/uploads/seeds-for-success-final.pdf

Para información (en inglés) acerca de cómo comenzar una huerta en contenedores en su casa o escuela, visite:

eatright.org

Libros

Bucklin-Sporer, Arden y Rachel Kathleen Pringle. *How to Grow a School Garden: A Complete Guide for Parents and Teachers*. Portland, OR: Timber Press, 2010.

Carpenter, Novella y Willow Rosenthal. *The Essential Urban Farmer*. Nueva York: Penguin Books, 2011.